BOEKANALYSE

Schateiland

. . . .

ROBERT LOUIS STEVENSON

BOEKANALYSE

Geschreven door Pauline Coullet
Vertaald door Nikki Claes

Schateiland

ROBERT LOUIS STEVENSON

ROBERT LOUIS STEVENSON

SCHOTSE SCHRIJVER

- **Geboren in Edinburgh in 1850**
- **Overleden in Vailima (Samoa) in 1894**
- **Opmerkelijke werken:**
  - *Reizen met een ezel in de Cevennen* (1879), novelle
  - *Schateiland* (1883), roman
  - *Strange Case of Dr Jekyll and Mr Hyde* (1886), novelle

Robert Louis Stevenson (1850-1894), een Schotse schrijver en groot reiziger, werd tot het schrijven van zijn verhalen geïnspireerd door de herinneringen aan zijn reizen door Frankrijk, Amerika en de Samoa-eilanden. Als ziekelijke adolescent gaf hij zijn studie op om zich aan het schrijven te wijden. Zijn ritmische en onrealistische verhalen waren vernieuwend voor hun tijd.

Tot zijn beroemdste romans behoren *Reizen met een ezel in de Cevennen* (1879), *Schateiland* (1883) en *Strange Case of Dr Jekyll and Mr Hyde* (1886). Hij schreef ook essays over de theorie van de literatuur, evenals beschrijvende en informatieve essays over de eilanden in de Stille Oceaan. Stevenson was een van de eerste Europeanen die de inheemse bevolking van de Samoaanse eilanden verdedigde tegen de koloniale machten.

SCHATEILAND

EEN KLASSIEK AVONTURENVERHAAL

- **Genre:** roman

- **Referentie uitgave:** Stevenson, R. L. (1884) *Treasure Island.* Boston: Roberts Brothers.

- **Eerste uitgave:** 1883

- **Thema's:** piraten, schatten, moed, avontuur

Schateiland verscheen voor het eerst als feuilleton in een Brits tijdschrift. De eerste uitgave in romanvorm verscheen in 1883. Het werk vertelt de avonturen van de jonge Jim Hawkins die deel uitmaakt van een piratenbende op zoek naar een schat. Het werd al snel een literaire klassieker in het avonturengenre en kende een enorm succes. *Schateiland* is vele malen bewerkt voor de bioscoop en als stripverhaal. Het in de roman beschreven beeld van een piraat is ook gereproduceerd, zodanig dat het in de collectieve verbeelding is verankerd.

SAMENVATTING

DEEL I – DE OUDE BOEKANIER

Het verhaal, verteld vanuit het perspectief van Jim Hawkins, begint in 1782, wanneer de jonge held de avonturen begint op te schrijven die hij 20 jaar eerder op zee en op het mysterieuze schateiland heeft beleefd. De ouders van Jim waren voormalige verhuurders van de herberg van admiraal Benbow, die in de buurt van Bristol lag. Met de komst van een nieuwe gast, een oude zeeman genaamd Billy Bones, begint Jim de gebeurtenissen te beschrijven die zijn adolescentie hebben gevormd.

Kort na de dood van Jims vader sterft ook de nieuwe gast na een gewelddadige ruzie met een matroos die hem komt bezoeken. Voor zijn dood had Bones het zwarte teken gekregen, het symbool van de naderende dood onder piraten. Jim en zijn moeder besluiten daarom de inhoud van de kist van de oude Bones mee te nemen, en wel voordat de piraten, die niet op de hoogte zijn van de toevallige dood van Bones, arriveren. De documenten in de kist worden onderzocht door Jim, dokter Livesey en schildknaap Trelawney. Ze beseffen dat het een schatkaart is en besluiten te vertrekken op zoek naar de schat.

DEEL II – DE ZEEKOK

John Trelawney chartert een schip genaamd de *Hispaniola*. Hij werft een zekere Long John Silver aan als scheepskok. Er ontstaan spanningen tussen kapitein Smollet en de schildknaap over de keuze van de bemanning: de kapitein verwijt hem dat hij onbetrouwbare mannen heeft gekozen.

Tijdens de reis verneemt Jim dat de bemanning een muiterij plant om de schat in beslag te nemen. John Silver en zijn vrienden maakten in werkelijkheid deel uit van een voormalige bemanning van Billy Bones en Flint de piraat. Hun doel is dus om de schat terug te krijgen. De jonge Jim haast zich om zijn nieuws aan de kapitein en de dokter te vertellen. Zij besluiten te wachten en Jim te gebruiken als tussenpersoon en spion, aangezien de mannen hem niet verdacht lijken.

DEEL III – MIJN KUSTAVONTUUR

De *Hispaniola bereikt* de kust van Skeleton Island. De mannen gaan van boord om het eiland te verkennen. Jim besluit hen aan land te volgen en glijdt in één van de roeiboten voordat hij het bos in vlucht. Aan land doodt Silver verschillende mannen die tegen de muiterij zijn. Tijdens zijn ontsnapping ontmoet Jim de enige bewoner van het eiland, een schipbreukeling genaamd Ben Gunn. Hij is ook één van Flint's vroegere mannen.

DEEL IV – DE PALISSADE

In Jims afwezigheid neemt Dr Livesey de leiding van het verhaal voor dit deel van de roman: hij schuilt met de rest van de bemanning in een palissade langs de kust om in geval van een aanval vergeldingsmaatregelen tegen de muiters te kunnen nemen. Het schip wordt ontdaan van alle wapens en voedselvoorraden.

Jim weet te ontsnappen aan de piraten en keert terug naar het strand met Ben Gunn, die hem vertelt dat hij de schat heeft. In samenwerking met de dokter worden de schatkaart en de voorraden aan de piraten gegeven om ze op het verkeerde been te zetten. Terwijl de palissade in staat van beleg is, probeert Long John Silver te onderhandelen, maar de voorwaarden worden heftig geweigerd door kapitein Smollett.

De piraat beveelt de man daarom de palissade van de kapitein aan te vallen. Hij raakt gewond, maar de piraten winnen. Jim maakt van de verwarring gebruik om opnieuw te ontsnappen. De jongeman wil de boot van Ben Gunn terughalen om het schip te ontmeren en zo te voorkomen dat de piraten ontsnappen.

DEEL V – MIJN ZEE-AVONTUUR

Jim slaagt erin het schip los te gooien, maar enkele piraten die aan boord zijn gebleven zien hem. Terwijl het schip afdrijft, klimt hij weer aan boord om te proberen de piraten te confronteren en de controle over het schip terug te nemen. Hij slaagt erin de zwarte vlag neer te halen die aangeeft dat het schip gevangen is. Aan het roer wil een piraat van Silver's bende het schip weer in veiligheid brengen. Hij valt Jim van achteren aan, waarbij hij zijn schouder verwondt, maar wordt uiteindelijk door de jongeman gedood. Jim brengt het schip tot stilstand op een zandbank en ziet het piratenkamp op de oever.

DEEL VI – KAPITEIN SILVER

Gevangengenomen door de piraten toont Jim moed door toe te geven dat hij de oorzaak is van hun ongeluk omdat hij hun gesprek over de muiterij heeft afgeluisterd. De piraten besluiten daarom hem als betaalmiddel te gebruiken. Dr Livesey vraagt of hij met Jim mag praten. Long John Silver accepteert op voorwaarde dat de jongeman zweert niet weg te lopen. De held verzekert de dokter dat hij in het kamp is.

De volgende dag gaan de piraten op zoek naar de schat. Geschrokken van wat de stem van de overleden Flint lijkt te zijn, vinden ze snel de buit, maar de schat is leeg. De groep haalt uit naar hun leider, Long John Silver, en beschuldigt hem van ontrouw. De komst van Ben Gunn, die de kreten had gemaakt die Flint imiteerde, en de dokter is genoeg om de gemoederen te bedaren. De schat is in werkelijkheid in het bezit van Ben Gunn. Het schip vertrekt weer en laat de piraten aan hun lot over. John Silver gaat aan boord, maar ontsnapt bij de eerste aanloophaven. Terug in Bristol met zijn deel van de buit zweert Jim Hawkins om nooit meer onder piratenvlag te varen.

KARAKTERSTUDIE

JIM HAWKINS

Als held en verteller van het grootste deel van het verhaal geeft de jonge Jim Hawkins ons een persoonlijke kijk op zijn avontuur. Hij heeft zeker een stap terug gedaan van de gebeurtenissen door er pas jaren later over te schrijven.

Als adolescent die tot dan toe geen echte avonturen in zijn leven had beleefd, belandt hij, ondanks zichzelf, in het hart van dramatische gebeurtenissen. De vroegtijdige dood van zijn vader dwingt hem om samen met zijn moeder de familie-zaken te regelen. Maar het is ver van zijn familie dat zijn vurige en onafhankelijke persoonlijkheid tot zijn recht komt. Gedwongen om in een vijandige omgeving te leven, weet hij discreet te zijn als dat nodig is. Hij is zeer onafhankelijk en impulsief, en denkt niet na over de gevolgen van zijn daden. Dit is bijvoorbeeld het geval bij de twee keer dat hij wegloopt. Tussen angst en fascinatie voor de piraten is hij volwassener als hij terugkeert, want hij zweert nooit meer aan dergelijke expedities deel te nemen.

Ondanks zijn jonge leeftijd is Jim zeker van zichzelf: bij de piraten weigert hij op zijn woord terug te komen. Ook de kapitein en de dokter beschouwen hem als betrouwbaar, omdat hij deelneemt aan de gevechten en aan het leven aan boord van de *Hispaniola*. Bovendien hebben de twee mannen nooit getwijfeld aan zijn goede trouw.

De lezer weet bijna niets over het leven van Jim Hawkins voor en na zijn avonturen op zee. Wel belichaamt hij de ultieme puberheld, jeugdig en moedig, waarmee de lezer zich gemakkelijk kan identificeren.

LONG JOHN SILVER

Long John Silver is een angstaanjagende en verraderlijke piraat, even onaangenaam als fascinerend. Hij heeft de klassieke eigenschappen van een piraat, zowel fysiek als psychologisch:

- Hij heeft een houten been en een ooglapje;
- Hij draagt een papegaai op zijn schouder;
- Hij heeft een hebzuchtige en wispelturige persoonlijkheid;
- Hij is een leugenaar en een bedrieger.

Long John Silver's enige motivatie is het koste wat kost terugvinden van Flint's schat en hij aarzelt niet om alles te doen wat hij nodig acht om zijn doel te bereiken, inclusief moord. Als echte aanvoerder werpt hij zich op als de belangrijkste aanstichter van de muiterij. Desondanks lijken Long John Silver en Jim vanaf het begin van het avontuur een band van vriendschap en bewondering te hebben. In feite is de piraat de enige die Jim verdedigt tijdens zijn gevangenneming. Hun eerste ontmoeting is ook gevuld met beleefdheid en bewondering.

Long John Silver toont ondanks zijn handicap grote fysieke weerstand. Hij heeft een indrukwekkende karaktersterkte en weet zich altijd uit moeilijke situaties te redden: hij is de enige piraat die aan het eind van de expeditie weer aan boord van de *Hispaniola gaat* en hij weet ook te ontsnappen. Als echte kameleon past hij zijn manier van spreken en zijn houding aan aan de persoon met wie hij spreekt om diens vertrouwen te winnen. De nadruk op zijn meedogenloze en felle blik en het bijna spookachtige karakter van dit personage, dat gedurende het hele verhaal verschijnt en verdwijnt, maken hem tot een essentiële figuur van de piraten in de literatuur.

DR LIVESEY

Dr Livesey wordt vooral voorgesteld als een wetenschappelijk, intelligent en moedig man. Het lokken van geld lijkt tijdens de reis niet zijn voornaamste drijfveer te zijn. Als arts is hij onmisbaar aan boord. Hij aarzelt niet om de aan malaria lijdende piraten op het eiland te verzorgen. Het is ook hij die de kaart van Billy Bones ontcijfert aan het begin van de expeditie.

Hij staat dicht bij Jim en komt uit dezelfde stad als hij. Hij kan zeker worden beschouwd als een vaderlijke figuur voor de jongeman. In feite is de dokter er bij de dood van Jims vader, begeleidt en verzorgt hij de adolescent gedurende de hele reis, en brengt hij Jim tot tranen toe door hem de les te lezen over de vele keren dat hij wegloopt.

De levendige geest van de dokter contrasteert met de brutaliteit van de piraten. Hij zet hen in de val door hen de schatkaart te geven. Hij is een man van actie en een goede strategie. Hij gaat goed om met vuurwapens, maar geeft over het algemeen de voorkeur aan onderhandelingen. Hij werpt zich ook op als kapitein van de landexpeditie tijdens welke hij de leiding van het verhaal op zich neemt, waardoor hij een sleutelfiguur wordt in het verloop van de roman.

SQUIRE JOHN TRELAWNEY

Als personage met een adellijke titel wordt hij vooral gekenmerkt door zijn naïviteit ten aanzien van de organisatie van de expeditie. Door zijn gebrek aan ervaring in een wereld die zeker niet de zijne is, vertrouwt hij de groep piraten die hij als bemanning aanwerft, wat meteen tot een fikse ruzie met kapitein Smollett leidt. Als bescheiden personage neemt hij, in tegenstelling tot Dr Livesey, weinig strategische initiatieven. Zijn zorgen zijn eerder futiel, zoals blijkt uit de pruik die hij tijdens een deel van de reis draagt. Hij staat voortdurend in contrast met de wrede wereld van de piraterij, het dagelijks leven van een piraat en het leven aan boord van een boot, die voor hem allemaal zeker ontdekkingen zijn.

BEN GUNN

Als schipbreukeling, achtergelaten door de bemanning van Flint de piraat, heeft hij al drie jaar geen contact meer gehad met de beschaving. Hij is de enige bewoner van een onbewoond eiland en verwijst naar de mythe van de kannibalen. Zijn vuile en verfomfaaide uiterlijk beangstigt Jim Hawkins die hem als eerste ontmoet. Ondanks zijn jarenlange eenzaamheid is hij niet vijandig en blijkt hij een waardevolle bondgenoot voor Jim. In feite is hij het die het verhaal naar zijn eindsituatie leidt door essentiële informatie te verstrekken. Zijn samenwerking met de bemanning is voor hem een manier om wraak te nemen op de piraten door ze bang te maken, maar vooral om het eiland voorgoed te verlaten.

Hoewel hij relatief laat in de roman verschijnt, is Ben Gunn een essentieel personage omdat hij het verhaal naar de oplossing leidt. Hij is ook een van de enige hoofdpersonen van wie de lezer de geschiedenis kent, van zijn verleden in Flint's bemanning tot zijn carrièreswitch naar vlagwachter op de Antillen.

ANALYSE

EEN ROMAN OVER AVONTUUR EN VOLWASSENWORDING

Schateiland heeft een aanzienlijk nageslacht gekregen en het succes ervan heeft generaties overbrugd. Het wordt vaak gepresenteerd als een essentiële avonturenroman, maar wordt meer geassocieerd met het lezen voor kinderen, vooral jonge jongens.

Het verhaal heeft de klassieke opzet van een avonturenroman en is om vele redenen het archetype geworden:

- Dat een jonge, onverschrokken held zich in een opwindende zoektocht stort;

- De aanwezigheid van elementen die voortaan klassiek waren, zoals een schat, een onbewoond eiland, piraten en zelfs een enge schipbreukeling;

- De aanwezigheid van meerdere onverwachte ontwikkelingen en veranderingen in het verteltempo (afwisselend zeer beschrijvende gedeelten en meer hectische passages zoals de vechtscène tussen Jim en de piraat boven aan de vlaggenmast).

De avonturenroman maakt deel uit van de populaire literatuur die verscheen in de tweede helft van de 19th eeuw. Zoals de meeste romans in dit genre, verscheen *Treasure Island* voor het eerst in de Britse pers als feuilleton.

De roman behoort ook tot de meer specifieke categorie van de coming-of-age-romans, een genre dat ontstond in de 18th eeuw, waarin het leerproces van een jonge held wordt verteld. Hij moet verschillende testen doorstaan voordat hij een man wordt. Zo wordt Jim na de dood van zijn vader de wereld van de volwassenen ingestuurd en moet hij ver van huis onbekende gevaren trotseren. Door deze beproevingen komt hij volwassen en veranderd terug. Dit patroon is terug te vinden in de meeste jeugdromans.

PIRATENMYTHOLOGIE

Schateiland is een van de eerste romans waarin personages uit de wereld van de piraterij werden gecreëerd en beschreven. Het speelde een grote rol in de ontwikkeling van de collectieve verbeelding van de mythologie rond piraten. De roman bevat dan ook verschillende elementen die met deze wereld in verband kunnen worden gebracht:

- De fysieke kenmerken van de piraten zoals de ooglap, houten been, papegaai en tatoeages;

- Hun bedrieglijke en hebzuchtige aard;

- Hun liefde voor rum;

- De interne rivaliteit op het gebied van piraterij.

Piraten boezemen evenveel angst als fascinatie in. Daarom heeft de mythologie die met hen wordt geassocieerd het nageslacht bereikt en is zeker nog steeds actueel. Na Stevenson hebben ook andere auteurs de wereld van de piraten met succes beschreven. Dat geldt bijvoorbeeld voor Emilio Salgari (Italiaanse schrijver, 1853-1911), wiens talrijke avonturen over kapers werden bewerkt voor het witte doek, evenals voor James Matthew Barrie (Schotse schrijver, 1860-1937), de schepper van de beroemde kapitein Haak of, meer recent, Hugo Pratt (striptekenaar, 1927-1995), die achter de avonturen van kaper Corto Maltese zat. Deze bijna clichématige beeldspraak van piraten is ook terug te vinden in de film, zoals blijkt uit het recente succes van *Pirates of the Caribbean*. Al deze verfilmingen blijven trouw aan de populaire visie op piraten die we vinden in *Schateiland*.

ACTIEF MODEL

Door de vele onvoorziene ontwikkelingen en de duidelijk omschreven zoektocht leent *Schateiland zich* bijzonder goed voor de studie van het actiemodel. Zoals in de meeste avonturenromans worden de verschillende transformaties van het verhaal duidelijk aangegeven.

Jim Hawkins is de held van het avontuur. Hij stemt ermee in te vertrekken op zoek naar de schat van Flint, die dus het gezochte doel of de doelstelling van de zoektocht is, nadat hij zorgvuldig de documenten heeft gelezen die in de kist van Billy Bones zijn gevonden. Door de vroegtijdige dood van deze laatste kunnen Jim en zijn moeder aan de piraten ontsnappen. Squire Trelawney accepteert Jim aan boord van de *Hispaniola* als scheepsjongen en Dr Livesey beschermt en verzorgt de jongen. Ten slotte onthult Ben Gunn essentiële informatie over de schat. De personages helpen de held dus om zijn zoektocht te volbrengen. De muiterij van de piraten en hun besluit om het fort aan te vallen vertragen daarentegen deze verwezenlijking. John Silver kan misschien zowel een tegenstander als een helper zijn, want hij gijzelt Jim, maar besluit hem niet te executeren. Uiteindelijk blijkt de zoektocht het meest gunstig voor Jim die volwassen wordt, Ben Gunn die eindelijk zijn eiland kan verlaten en Long John Silver die erin slaagt te ontsnappen.

Het overzicht zou er dus als volgt uitzien:

VERDERE REFLECTIE

ENKELE VRAGEN OM OVER NA TE DENKEN...

- Wat maakt dit werk tot een avonturenroman?

- *Schateiland* is ook een coming-of-age roman. Wat betekent dit? Citeer andere coming-of-age romans en vergelijk ze met *Schateiland.*

- Vergelijk de piraten in *Schateiland* met andere portretten van piraten die je kent.

- Waarom denk je dat het karakter van een piraat zo succesvol is?

- Aan welke mythen of mythische figuren doet Ben Gunn ons denken?

- Noem andere mythen (anders dan piraten en de schipbreukeling) die beroemd zijn geworden en/of onderwerp zijn van boeken, films, enz.

- Denk je dat dit werk zich beter leent voor één soort bewerking dan voor een andere (cinematografie, stripverhaal, enz.)? Motiveer je antwoord.

- Vergelijk de roman van Stevenson met die van Jules Verne (*Reis naar het middelpunt van de aarde, Vijf weken in een ballon, Het mysterieuze eiland*). Welke overeenkomsten en verschillen zijn er tussen de werken van deze twee auteurs?

VERDER LEZEN

REFERENTIE-UITGAVE

Stevenson, R. L. (1884) *Schateiland.* Boston: Roberts Brothers.

AANPASSINGEN

Stevensons roman is het onderwerp geweest van ten minste zes verfilmingen. De bekendste zijn:

Treasure Island. (1934) [Film]. Victor Fleming. Dir. USA: Metro-Goldwyn-Mayer.

Treasure Island. (1972) [Film]. John Hough en Andrea Bianchi. Dirs. West Duitsland: Central Cinema Company Film.

*We horen graag van jou! Laat
een reactie achter op jouw online bibliotheek
en deel je favoriete boeken op social media!*

De uitgever garandeert de betrouwbaarheid van de gepubliceerde informatie, die echter niet onder zijn verantwoordelijkheid valt.

www.50minutes.com

Master ISBN: 9782808688864
Papier ISBN: 9782808610261
Wettelijk depot: D/2023/12603/1306

Omslag: © Primento

Digitaal ontwerp: Primento, de digitale partner van uitgevers.